MON

TÉMOIGNAGE

SUR LA

DÉTENTION DE LOUIS XVI.

IMPRIMERIE DE J. TASTU,
RUE DE VAUGIRARD, N° 36.

MON

TÉMOIGNAGE

SUR LA

DÉTENTION DE LOUIS XVI

ET DE SA FAMILLE

DANS LA TOUR DU TEMPLE.

PAR CH. GORET,

ANCIEN MEMBRE DE LA COMMUNE DU 10 AOUT 1792.

Dicere verum quid vetat ?

PARIS

F.-M. MAURICE, LIBRAIRE,

RUE DES MATHURINS SAINT-JACQUES, No 1.

1825

AVIS.

C'est dans ma retraite, et après avoir parcouru une carrière de plus de cinquante années, dans des emplois en administrations publiques à Paris, que je joins mon tribut à celui des personnes qui ont écrit sur la révolution. Peut-être les faits que j'expose aujourd'hui, comme en ayant été témoin, piqueront-ils la curiosité de ceux qui fixent leur attention sur l'une des plus remarquables époques de cette révolution, celle du 10 août 1792, époque à laquelle le hasard, ainsi que je l'expliquerai, me porta sur les bancs du conseil-général de la commune de Paris.

Ma narration doit se ressentir de douloureux souvenirs; mais j'aurai atteint mon but si, ainsi que je me le propose, j'ai jeté quelque lumière sur des faits assez intéressans, qui ont pu échapper, ou qui ne sont pas parvenus à la connaissance de nos historiens.

MON

TÉMOIGNAGE

SUR LA

DÉTENTION DE LOUIS XVI

ET DE SA FAMILLE

DANS LA TOUR DU TEMPLE.

JE vais tâcher de retracer en peu de mots ce dont j'ai été témoin, *de visu et auditu*, dans la tour du Temple, pendant que Louis XVI et son auguste famille y étaient détenus. On a beaucoup écrit sur cet affligeant sujet, et chacun a dit ce qu'il avait vu ou entendu, comme aussi ce qu'il n'avait ni vu ni entendu; Cléry lui-même qui fit une histoire du Temple. Je ne veux pas encourir ce reproche.

On peut d'abord demander comment j'ai

approché des augustes prisonniers, dans la tour du Temple, auprès desquels je me suis trouvé très-fréquemment, et notamment pendant tout le temps qu'a duré la détention de Louis XVI. J'étais membre de la fameuse commune du 10 août 1792. Ce qui pourra paraître étonnant, c'est que je dusse mon envoi à ce poste, qui fut si périlleux, au célèbre abbé Delille et à plusieurs de ses collègues, professeurs au Collége de France, de qui j'avais l'honneur d'être connu, et qui, m'ayant envoyé chercher chez moi, dès le matin du 10 août, usèrent, lorsque je fus près d'eux, de tout l'ascendant qu'ils pouvaient avoir sur moi, pour me décider à remplacer dans ce poste M. l'abbé Cournand, leur collègue, qui y avait été nommé dans la nuit du 9 au 10 août, par la section de Sainte-Geneviève, aujourd'hui du Panthéon. Malgré ma résistance il me fallut céder, et ces messieurs, qui n'étaient pas sans influence dans la section, y obtinrent aussitôt la substitution de mon nom à celui de M. Cournand. En me remettant l'acte de nomination, ils me dirent : Nous vous connaissons, et nous espérons que vous vous conduirez suivant nos désirs dans ce poste. Je ne crois pas avoir trompé leurs espérances.

Me voilà donc sur les bancs du conseil-général de la commune vers les neuf à dix heures du matin du 10 août. Il est inutile de rapporter ici ce qui s'y passait dans ces momens les plus orageux, assez de personnes en ont été témoins. C'est de là que je fus envoyé de garde, en qualité de membre du conseil-général, auprès des augustes prisonniers, peu de jours après leur entrée au Temple. Ils étaient alors dans le bâtiment adossé à la tour, et dont l'escalier s'embranchait avec celui de cette tour. Il y avait quatre à cinq petites pièces, peu logeables, n'ayant en meubles que le striet nécessaire; cet appartement n'était qu'à quinze à seize pieds du sol, les fenêtres n'étaient pas grillées. Je reviendrai plus loin sur cette observation.

Je me présentai dans la pièce où était rassemblée l'auguste famille; la consigne qui m'avait été donnée était de garder le chapeau sur la tête en entrant; je commençai par violer cette consigne; elle était aussi de qualifier le roi de *monsieur* seulement; j'avais appris que cela lui était indifférent, mais qu'il montrait de la répugnance pour le nom de Capet lorsqu'on le lui donnait; aussi jamais il n'est sorti de ma bouche en sa présence; alors il était encore revêtu de ses décorations, dont il fut dépouillé par la suite. Au moment de mon entrée il faisait la partie d'échecs avec madame Élisabeth sa sœur; je m'étais assis au fond de la pièce dont le plafond n'était pas beaucoup plus élevé que celui d'un entresol, ce qui la rendait un peu obscure; pour paraître moins décontenancé, j'avais retiré un livre, d'une petite bibliothèque qui était là, comme pour m'occuper à lire. Un moment après, la reine, qui regardait faire la partie avec ses enfans, auprès de la fenêtre, m'adressa la parole avec un air de bonté, en me disant : Approchez-vous, Monsieur, où nous sommes, vous y verrez mieux pour lire. Je la remerciai, en observant que la lecture m'attachait peu, sans en dire davantage; mais la vérité est que j'aurais craint d'être aperçu en obtempérant à l'invitation de la reine, parce que je savais que des gardes nationaux, en sentinelle à la porte, pouvaient regarder par la serrure et apercevoir ce qui se passait dans l'intérieur. Déjà il avait été fait au conseil-général des rapports qui venaient de cette source, et qui avaient compromis ceux qu'ils concernaient. Madame Élisabeth, tout en faisant la partie avec le roi, paraissait s'amuser de mon embarras, fort naturel à un nouveau débarqué, capable de réfléchir sur les vicissitudes de la vie. Voilà, me disais-je, une famille que j'ai vue au faîte de la puissance, des grandeurs et des honneurs, renfermée dans cet humble et obscur réduit, sans qu'il me soit permis de lui témoigner la moindre complaisance; tandis que jadis je me serais trouvé bien honoré, bien heureux de lui voir agréer mes soumissions. Il me semblait que madame Élisabeth lisait dans ma pensée, surtout en lui entendant dire plaisamment en jouant : Allons, monsieur le roi, marchez, en parlant de la pièce qui porte ce nom au jeu d'échecs. Bientôt le roi, se levant, vint à moi pour me dire qu'ils étaient dans l'usage de descendre pour aller promener sous le couvert du jardin, et qu'il fallait en obtenir la permission d'un conseil qui se tenait au Temple. A l'instant j'envoyai demander cette permission à mes collègues qui formaient ce conseil; dès qu'elle me fut parvenue, l'on se disposa à descendre. Madame Élisabeth s'approcha de moi et me dit : Comme c'est la première fois que vous venez ici, vous ne connaissez peut-être pas, Monsieur, l'ordre et la marche; je vais vous mettre au fait : placez-vous en tête et nous vous suivrons. Je me conformai à la leçon de l'auguste maîtresse de cérémonies, et nous voilà en chemin. Arrivés au pied de l'escalier, la sentinelle qui y était placée me demanda s'il fallait présenter les armes; je lui répondis simplement : Vous devez connaître votre consigne; comme je ne fis que passer, je ne pus voir le parti qu'elle avait pris. Parvenus sous le couvert du jardin, le roi et Cléry, le valet de chambre, s'amusèrent à exercer le jeune prince avec un petit ballon; la reine s'assit sur un banc, ayant à sa droite les princesses, sa fille et madame Élisabeth; j'étais à sa gauche; elle entama la conversation sur la tour qui était en face de nous, en me demandant comment je la trouvais. Hélas! Madame, lui répondis-je, il n'y a pas de belle prison; celle-ci m'en rappelle une autre que j'ai vue dans ma jeunesse, celle où fut enfermée Gabrielle de Vergy. Quoi ! me répondit la reine, vous avez vu cette autre prison? Oui, Madame, repartis-je, c'est une tour encore plus considérable que celle que nous voyons; elle est situee à Couci-le-Château où je demeurai dans ma jeunesse. Aussitôt la reine appela son mari qui s'approcha, et lui ayant dit ce que je venais de rapporter, le roi me demanda quelques détails sur la tour en question; je lui en dis ce que j'avais remarqué, et il parut satisfait; en même temps il nous fit la description géographique de Couci-le-Château, en véritable géographe : l'on sait qu'il possédait cette science au plus haut degré. Cette promenade dura une heure ou deux, après quoi la famille demanda à rentrer; même cérémonial que pour la sortie. Le roi se retira dans sa chambre à coucher; les princesses se rendirent dans la leur avec les enfans, et je restai seul dans la pièce d'entrée, servant de petit salon, où la famille se réunissait pour causer ou pour le jeu. Madame Élisabeth y rentra la première; elle vint s'appuyer sur le dos du siége sur lequel j'étais assis, et se mit à chanter une ariette ; sa nièce survint presque aussitôt, et elle l'invita à chanter avec elle; la jeune princesse s'y refusa obstinément avec des manières enfantines. Je pris ce refus pour l'effet du sentiment de sa dignité, ou de sa trop faible connaissance de la position dans laquelle elle se trouvait, et que sentait mieux sa tante. La reine entra dans ce moment, et madame Élisabeth lui exposa le refus qu'elle essuyait de la jeune princesse. Votre fille aura de la tête, lui dit-elle, et bien de la tête, je vous en assure, ma sœur, ajouta-t-elle. Je crus remarquer que ce refus avait un peu piqué madame Élisabeth qui se retira avec sa nièce; la reine resta seule, elle retira d'un petit meuble une pincée de papillottes qu'elle vint développer devant moi, en disant : Ce sont des cheveux de mes enfans, ils sont de tel âge ; je remarquai qu'ils étaient tous plus ou moins blonds; la reine les remit dans l'endroit d'où elle les avait retirés et revint près de moi en se frottant les mains d'une essence, et en me les passant devant le visage pour me faire respirer cette essence qui avait une odeur très-suave. Le roi était resté dans sa chambre. Le valet de chambre vint annoncer que le dîner était servi, et l'on se rendit dans la pièce qui servait de salle à manger. La table était servie, je pourrais dire splendidement; le roi se plaça au milieu, les princesses et les enfans à ses côtés; j'étais assis à peu de distance de la table, violant toujours la consigne qui voulait que j'eusse la tête couverte; j'étais seulement revêtu de mon écharpe; toute la famille me parut manger de bon appétit, montrant un air de tranquillité, tel qu'on pouvait le remarquer à Versailles, où elle était entourée, pendant un grand couvert, de tout ce qui pouvait contribuer à sa splendeur et à sa sûreté. La conversation entre la famille, pendant ce repas, ne roula que sur des choses indifférentes.

Que l'on ne s'étonne pas si je dis que le repas était servi splendidement, ce n'est que la vérité, et il en a été toujours ainsi pendant tout le temps que je me suis rendu au Temple, jusque vers le mois d'avril 1793, pour y remplir une aussi pénible fonction. On s'en étonnera moins en apprenant que des officiers de bouche, des chefs de cuisine, qui avaient été de service à Versailles, étaient à la tête de celle du Temple; et la commission que le conseil-général avait établie, veillait à ce qu'il ne manquât rien à ce service; tellement que la dépense s'en élevait à plus de 80,000 francs par mois. Il faut dire qu'on comprenait dans cette dépense celle de toutes les personnes attachées à un service dans le Temple, et qui y étaient nourries. Il y avait aussi une table entretenue pour ceux des membres du conseil-général qui étaient de garde, ordinairement au nombre de douze ou quinze, et quelques officiers de l'état-major de la garde nationale. Les repas du matin et du soir ne laissaient non plus rien à désirer.

L'heure du coucher arrivée, les princesses avec les enfans se retiraient dans leur chambre, après avoir donné au roi les marques de leur attachement, de leur tendresse et de leur respect.

Le roi passait dans sa chambre à coucher accompagné de Cléry, je les y suivais; pendant que ce dernier faisait tous les préparatifs pour son maître, celui-ci entrait dans une petite tourelle servant de cabinet à la chambre, pour y faire sa prière; je l'y accompagnais : cet endroit n'avait qu'environ quatre pieds de diamètre, il était si resserré qu'à peine y tenait-on deux sans être gêné. Le roi m'en fit l'observation tout en faisant sa prière dans un bréviaire, et en me mettant en mains un livre que je reconnus être l'Imitation de Jésus-Christ. Voyant que cet état de gêne contrariait le roi, car il ajouta : Je ne me sauverai pas, n'en ayez pas peur; je me retirai dans la chambre où S. M. rentra après avoir fait sa prière. Il se déshabillait aidé par Cléry, et se couchait; je restais seul avec le roi dans cette chambre. Je me jetais, tout habillé, sur un canapé pour tâcher d'y prendre un peu de repos, ce qu'il ne m'était pas possible d'obtenir; car le roi n'était pas plutôt couché qu'il paraissait dormir d'un profond sommeil, avec un ronflement continuel et des plus extraordinaires.

Le matin, au lever du roi, j'étais relevé de cette garde par l'un de mes collègues qui, sans doute, ainsi que ceux qui lui succédaient, voyait se passer la même chose, ou à peu près ce que j'avais vu. Ainsi la relation de l'une de ces séances, qui furent si pénibles pour moi, peut servir de comparaison avec toutes celles que mes collègues ont eu à faire en cet endroit que la famille royale n'occupa que pendant le temps qu'on mit à préparer la tour où elle fut ensuite transférée. Dire que tous ceux de mes collègues, qui eurent à remplir la même fonction, y ont tenu le même maintien que moi, c'est ce que je n'affirmerai pas.

On sait que le conseil-général de la commune était très-nombreux, et composé d'hommes de toutes les classes; on y remarquait des savans, des hommes de lettres, des artistes, des négocians, des marchands, des artisans, depuis le cordonnier jusqu'au tailleur de pierres, et dans ce nombre il pouvait se trouver quelques hommes que le défaut d'éducation rendît peu propres à remplir dignement cette fonction, et qui cependant la remplissaient à leur tour, ou lorsque le sort les en chargeait.

Sans doute la famille royale savait remarquer, au premier abord, si ceux qui l'approchaient étaient susceptibles des sentimens que sa présence et sa situation devaient inspirer, et réglait sa conduite en conséquence.

Je vais actuellement faire la relation de ce

que j'ai vu et entendu dans la tour, en y remplissant les mêmes fonctions, lorsque la famille royale y fut transférée. L'aspect de cet endroit avait quelque chose de sinistre, je n'ai point à en parler, diverses histoires sur Paris pouvant en donner la description; en un mot, c'était un monument de la puissance et du despotisme des Templiers, tel que les Jésuites pouvaient en avoir au Paraguay lorsqu'ils y dominaient. L'étage où était renfermée la famille royale était fort élevé au-dessus du sol, et hors la portée de toute escalade; la porte du premier guichet, au rez-de-chaussée, était en chêne, d'environ six à huit pouces d'épaisseur, garnie de fortes bandes de fer, de fortes serrures, et d'énormes verroux en dedans. L'escalier était peu large, plusieurs autres guichets y étaient établis jusqu'à la porte d'entrée de l'endroit où était renfermée la famille; cette porte était de fer massif, garnie de fortes serrures et aussi de très-forts verroux en dedans; elle avait environ un pouce d'épaisseur, il n'y avait en dehors qu'un petit palier qui n'aurait pu donner prise pour l'attaquer.

La première fois que j'entrai dans cette

nouvelle prison, la reine m'ayant reconnu vint me dire : Nous sommes bien aises de vous voir. Cet endroit était fraîchement décoré, si l'on peut dire ainsi à propos d'une prison. La pièce d'entrée, celle où nous restions mes collègues et moi, car alors nous y fûmes souvent au moins deux de garde, était tendue en papier d'architecture. Elle donnait entrée à une petite salle à manger, et à la chambre qu'occupait le roi, dans laquelle nous ne restions pas la nuit; à côté de celle-ci était la chambre qu'occupaient les princesses et les enfans; Cléry avait la sienne ensuite. Ces locaux étaient proprement décorés et meublés; les fenêtres, dans des embrasures d'environ six pieds d'épaiseur, étaient garnies de forts barreaux de fer, avec abats-jour en dehors, de manière qu'il était impossible qu'on pût voir, des endroits élevés du dehors, l'intérieur de cette prison. Le roi et sa famille ne montraient plus la même sérénité que je leur avais remarquée précédemment; le roi allait et venait, se promenant de sa chambre dans la pièce d'entrée où nous restions. Il levait quelquefois les yeux au haut de la fenêtre et demandait quel temps il faisait; je l'ai vu les jeter sur une grande pancarte qui était posée en tableau dans cette même pièce, et sur laquelle étaient inscrits les Droits de l'homme; le roi après l'avoir lue disait : « Cela serait beau, si cela pouvait s'exécuter. » La reine était plus sédentaire dans sa chambre, madame Élisabeth allait et venait comme le roi, elle tenait souvent un livre à la main. Les enfans allaient et venaient de même; mais quelle différence dans l'air et le maintien que j'avais remarqué dans toute la famille avant sa translation en cet endroit! Tout semblait présager les plus grands malheurs dont nous avons été témoins. Le père, l'épouse, la sœur s'entretenaient beaucoup moins, et plus rarement ils communiquaient entre eux; il semblait qu'ils craignaient d'aggraver leurs peines en se les représentant, situation la pire de toutes, lorsqu'on n'est plus accessible aux consolations. Les enfans ne montraient plus cet air d'enjouement qu'ils avaient conservé jusque-là; en un mot, tout se ressentait du ton sombre qu'on avait donné à cet endroit en n'y laissant pénétrer le jour que par le haut des fenêtres.

Qui avait fait prendre toutes ces précautions dont une partie pouvait être superflue? Je l'ignore, je ne les ai pas entendu délibérer dans le conseil-général, et j'ai toujours pensé qu'un parti occulte et puissant mettait la main à tout cela, à l'insu de ce conseil, et même du maire qui le présidait.

La reine et madame Élisabeth s'occupaient de quelques petits ouvrages dans leur chambre, et de l'éducation de la jeune princesse, comme le roi de celle de son fils dans la sienne, éducation que la reine ne négligeait pas non plus, car un jour que le jeune prince sortait de chez elle pour se rendre dans la pièce où je venais d'entrer, et qu'il était passé devant moi en me regardant sans me saluer, la reine s'en étant aperçue, l'appela et lui dit d'un ton sévère : « Mon fils, retournez, et saluez monsieur en passant devant lui ; » ce qu'il fit. Cette circonstance qui peut paraître indifférente, ne l'est cependant pas, elle prouve au moins que cette mère ne savait inspirer à son fils que des sentimens bien opposés à ceux que la calomnie a voulu lui supposer depuis ; sur quoi j'aurai occasion de revenir avant de terminer. Enfin, l'espèce d'affinité qui s'était établie entre les augustes prisonniers et quelques-uns de leurs gardiens, devint moins remarquable; mais comme nous étions alors plusieurs de garde ensemble, toujours au moins deux, ils pouvaient avoir observé le caractère de chacun, et se croire obligés de se montrer plus réservés. Cependant une fois que je me trouvais seul, madame Élisabeth vint me demander si je n'avais pas de journaux à leur prêter : je lui répondis que je n'en avais point, ce qui était vrai; elle m'observa que quelques-uns de mes collègues leur en prêtaient quelquefois, mais qu'elle ne voudrait pas que cela pût les compromettre. C'est, je crois, dans ce moment, que je lui appris, comme nouvelle fraîche, que Pétion venait d'être suspendu de ses fonctions de maire par le département, ce qu'elle alla aussitôt annoncer au roi et à la reine.

Ces petits détails minutieux, mais exacts, peuvent laisser juger quelle était la situation ordinaire des augustes prisonniers. J'en ajouterai encore quelques-uns qui compléteront le tableau de cette situation.

Quelques historiens ont parlé de deux ou

trois de mes collègues, comme s'étant montrés très-zélés à se rendre utiles aux augustes prisonniers; sans doute ce zèle était très-louable, mais comme j'en ai quelquefois été témoin, je dirai qu'il était souvent indiscret, ou peu réfléchi, et que ces hommes, abstraction faite du motif qui pouvait les faire agir, firent presque toujours plus de mal à l'auguste famille qu'ils ne lui firent de bien; leur zèle, quelquefois imprudent, ne manquait presque jamais de frapper les oreilles du conseil-général, d'où il arrivait qu'on augmentait la rigueur des mesures pour la garde des illustres prisonniers, garde dont une loi spéciale avait rendu ce conseil responsable, et il y eut même des membres dont je parle auxquels l'entrée du Temple fut interdite.

Mais comme j'ai promis encore quelques détails, je dirai qu'un jour que j'étais seul de garde, le roi s'approcha de moi, et me demanda si je l'avais vu et le connaissais avant la circonstance qui m'amenait près de lui. Je lui répondis que je n'avais point eu cet honneur, quoique j'eusse été très-souvent à Versailles, et même dans le château. « Comment ne m'y avez-vous pas vu? — C'est, répondis-je, que je suis myope, et qu'il ne m'a jamais été possible de distinguer les personnes tant soit peu éloignées de moi. — Quelle chose vous attirait si souvent à Versailles? — Un procès que je suivais au conseil des dépêches. — Quel procès? c'était le conseil que je présidais ordinairement en personne. — Une demande de plusieurs communes de la province d'Artois, qui réclamaient contre l'exécution de lettres-patentes que les états de cette province avaient obtenues, et qui autorisaient le partage des communaux. — Je me souviens très-bien de cette affaire, répondit le roi, et même les habitans ont gagné leur procès. » M. de Malesherbes entra comme cette conversation en était là, le roi lui en fit part, et M. de Malesherbes parut se rappeler aussi ce procès; il me dit : Comme les habitans obtinrent leur demande, ils dûrent être bien contens? Oui, Monsieur, lui répondis-je, mais leur joie fut un peu troublée par le souvenir des maux encore récens qu'ils avaient endurés pendant sept à huit ans qu'avait duré ce procès, et pendant lequel temps les états de la province, leurs adversaires, avaient exercé contre ces habitans une persécution inouie. — Comment cela? répliqua M. de Malesherbes. — Ce que je dis est exact, répondis-je; une commune, celle d'Heninlietard, fut comme assiégée parce qu'elle était du nombre de celles qui réclamaient; ses officiers municipaux, ceux d'autres communes, des familles entières hommes et femmes furent jetés dans les prisons; et lorsque les habitans, à force de sollicitations, avaient obtenu quelque espoir, des lettres ministérielles surprises par les députés qui allaient à la cour, replongeaient les habitans dans tous les malheurs. » Le roi prit alors la parole, et dit : (ce sont ses propres expressions que je rapporte) « Ce fut M. Decouzié, évêque d'Arras, qui fit traîner cette affaire en longueur (1). »

Je ne pus m'empêcher de faire au roi une réponse dont j'eus regret, parce qu'elle me parut l'avoir affecté. La voici : « Hélas! le clergé et la noblesse vous ont fait bien du mal. » Cette conversation en resta là. Le roi rentra de suite dans sa chambre avec M. de Malesherbes.

Ce qui put surtout affecter le roi, c'est qu'il

(1) Voyez la note placée à la fin.

pouvait penser que l'Artois, étant une province frontière, il pouvait être intéressant pour lui, dans les circonstances, qu'elle lui fût favorable. Depuis il m'adressa quelquefois la parole, mais il ne me reparla point de cette affaire.

Adoucissons-en le récit par celui d'une autre visite que nous fit le roi. Nous nous amusions quelquefois, mes collègues et moi, avec Cléry, à jouer aux dominos; il arrivait que le roi s'approchait de nous, s'emparait des dominos dont il figurait, très-adroitement, de petits édifices, ce qui témoignait qu'il avait des principes d'architecture, et qu'il connaissait les lois de l'équilibre. L'on sait d'ailleurs qu'il s'était occupé de tout temps de mécanique, notamment en serrurerie, ce qui ne l'empêchait pas de s'occuper aussi de sciences, de littérature; il expliquait des auteurs latins, et l'on trouva sur sa cheminée, après sa mort, un Tacite qu'il tenait souvent à la main, et dans lequel il avait laissé des remarques frappantes pour la situation où il était. On pouvait lui appliquer cet adage, *mens sana in corpore sano*. Il était de la constitution la plus forte; je ne l'ai point vu se plaindre de la moindre indisposition tout le temps que je me suis rendu près de lui.

Comme je ne fais qu'un précis, je pense que ce que j'ai exposé doit suffire pour faire sentir quelle était la position de Louis XVI et de sa famille dans la tour du Temple, quel était leur maintien. Il en est de même de tous les prisonniers; empereurs, rois, ou sujets en prison y éprouvent tous, à peu près, les mêmes sensations, ils y ont tous, à peu près, le même maintien; ils y sont exposés à se soumettre à un goujat; il est vrai que depuis la révolution, l'égalité, mal entendue, a rendu cette position moins sensible. Que l'on ne pense pas que la peine se rapporte toujours à l'importance de toutes les privations qu'on éprouve. Le moribond pense à la privation de la vie, il sacrifierait tout pour la racheter; le prisonnier pense à la perte de la liberté, c'est la vie pour lui; il sacrifierait également tout pour l'obtenir, et surtout lorsque sa vie peut en être compromise; quelle rançon n'en ont pas donnée des rois! La prison est une épreuve qui fait sentir tout le prix de ce bien qui, lorsqu'on en jouit, semble s'émousser; bien cependant que l'enfant ressent au moment où l'on le débarrasse de ses langes. Un roi, en prison dans une tour, dans une espèce de cachot, peut faire sensation, parce que cela est extraordinaire; l'on pense à la privation qu'il éprouve de toutes les jouissances dont il était comblé, et cependant ce n'est pas là ce qui l'inquiète le plus, mais bien la liberté qu'il a perdue de ne pouvoir plus régler ses mouvemens à son gré. Sans doute un mari qui chérit son épouse, qui aime tendrement ses enfans, souffre de ne point les avoir près de lui, mais ces souffrances ne sont que secondaires, les premières sont celles qu'éprouve l'enfant lorsqu'on le rentre dans ses langes. Ouvrard, en prison, peut bien penser à son coffre-fort, mais demandez-lui combien il en donnerait pour recouvrer la liberté s'il était condamné à une prison perpétuelle, malheur qui n'arrive le plus souvent qu'aux rois. Louis XIV, ce grand roi, qui fut si puissant, n'éprouva-t-il pas un tel malheur, tombé dans les liens d'une femme adroite et d'un rusé jésuite? Charles IX, soumis à une Médicis et à quelques fanatiques qui s'étaient rendus maîtres de ses mouvemens; tel autre roi ne peut-il pas être soumis aux volontés de ministres, de courtisans pervers qui règlent ses pas et ses démarches, maîtrisent sa volonté, et ne lui permettent d'aller à la chasse que comme les gardiens de Louis XVI lui permettaient d'aller à la promenade sous le couvert du jardin du Temple? Ce sont là toutes captivités, plus ou moins modifiées, mais le plus souvent sans fin, et elles ont toutes une catastrophe plus ou moins fâcheuse.

Le sang, nous dit-on, sortit des pores de Charles IX avant sa mort; les regrets de l'ambitieux Louis XIV vinrent le tourmenter à son dernier moment, lorsqu'il dit à son petit-fils: J'ai trop aimé la guerre, ne suivez pas cet exemple, mon fils, pensez à rendre votre peuple heureux lorsque vous serez sur le trône.

Hélas! Louis XVI, à son dernier moment, ne put-il pas dire aussi : J'ai trop écouté des prêtres et des nobles, des flatteurs, des ministres dont les calculs financiers n'étaient que déception, un Necker, par exemple, tandis que j'écartais un Malesherbes, un Turgot, dont la sagesse eût pu me sauver en sauvant l'État. Encore si l'infortuné monarque en eût été quitte pour cette catastrophe des regrets (ne pensons pas à la plus horrible que ce bon roi n'avait pas méritée), il aurait assez expié ses faiblesses par des regrets superflus, surtout lorsque le mal est irréparable; c'est pourquoi il ne pouvait qu'être impassible à ses propres malheurs, comme cela arriva. Je vais en rapporter la preuve. M. de Malesherbes, son sage conseil, était fréquemment près de lui, surtout dans les derniers temps de sa captivité; un jour, que je reconduisais cet homme vertueux comme il quittait le roi, étant au pied de l'escalier, nous allions passer le guichet, en violant la consigne qui était d'entrer dans la pièce au bas de l'escalier pour y faire reconnaître l'identité de M. de Malesherbes, consigne à laquelle il s'était conformé en entrant; ce respectable magistrat s'arrêta en me disant : Il faut entrer ici pour y faire reconnaître mon identité. — Cela n'est pas nécessaire, lui répondis-je, Monsieur, en le retenant par le bras, puisque vous êtes avec moi. — Qu'importe? me repartit-il, il ne faut jamais manquer à une consigne; et il entra. Un tel homme était bien fait pour être un législateur, sachant donner l'exemple de la soumission à la loi; ensuite nous traversâmes la grande cour jusqu'à la porte de sortie du Temple, où sa voiture l'attendait; chemin faisant, nous causâmes de la situation de Louis XVI; c'était peu de jours avant le moment fatal. Voici ce que je n'ai pu oublier de cette conversation : Je ne puis, me dit M. de Malesherbes, occuper le roi de son affaire, l'y faire penser; toute grave qu'elle soit, il en montre la plus grande indifférence. Voilà bien l'impassibilité dont j'ai parlé plus haut. Ce fut la dernière fois que je me rendis au Temple jusqu'à la mort du roi.

Ce jour, de si triste mémoire, je restai chez moi jusques vers le soir, que je me rendis au conseil-général; je n'y trouvai qu'un petit nombre de mes collègues sur les bancs, tous dans un morne silence qui ne fut rompu que par Jacques Roux, prêtre infâme, qui s'était trouvé à l'exécution, et qui avait fait le procès-verbal de mort, dont il fit lecture avec un ton de férocité. Il avait été accompagné d'un autre prêtre nommé Danjou, aussi membre du conseil. Deux prêtres voulurent être présens à cette horrible exécution ! Ah ! laissons les réflexions.

Il est bon que l'on sache comment ces deux prêtres furent nommés, par le conseil-général, la veille de l'exécution, pour y assister. Chaumette était au bureau ; il requit de nommer deux commissaires parmi les membres du conseil, pour être présens à l'exécution, et constater, par procès-verbal, la mort du roi, parce que la garde de sa personne avait été confiée, par une loi spéciale, à ce conseil. Aucun des membres ne parut disposé à accepter cette mission. On allait nommer, par la voie du sort, lorsque les deux prêtres ci-dessus cités s'offrirent spontanément à remplir cette horrible mission, qu'aucun autre membre du conseil n'aurait peut-être voulu accepter; car je le dis avec vérité, excepté les Chaumette, les Hébert, tous gémissaient de cette affreuse catastrophe, tous se disaient : Pourquoi le mettre à mort ? que ne l'envoie-t-on en Autriche? il n'y ferait pas plus de mal que ceux de sa famille qui y sont. Il n'y avait qu'une voix pour ce dernier parti, et je puis dire encore, avec la même vérité, et sans prétendre excuser ce conseil des torts qu'il peut avoir eus dans quelques circonstances, qu'il prouva dans celle-ci l'amour qu'il avait dans le cœur pour le roi, ainsi que l'avait la majorité des citoyens, et que témoigna l'avoir également cette sentinelle, dont j'ai parlé, qui, au bas de la tour du Temple, me demanda s'il fallait porter les armes lorsque le roi y passait, témoignage du respect que cet homme conservait pour le roi, malgré l'effervescence de ce temps, où l'on n'envoyait à ce poste que des hommes qui se montraient les plus dévoués à la révolution.

Émigrés, qui pensez avoir été les seuls dont le cœur palpitait pour le roi que vous avez abandonné au moment du danger, qu'avez-vous à répondre à cela? que n'êtes-vous plutôt restés dans votre patrie pour y seconder les dispositions de la majorité des citoyens! Mais j'oublie que je suis dans le conseil général, au moment que le roi n'existe plus. J'avais eu la précaution de porter avec moi mon bonnet de nuit, dans l'espérance de pouvoir me faire envoyer au Temple, ce jour là, auprès de la reine et de sa famille, et je réussis à me faire nommer.

J'arrivai à ce poste, à l'étage au-dessus de celui qu'avait occupé le roi jusqu'à sa mort, et qu'avait occupé avec lui sa famille jusqu'au moment où elle en fut séparée, séparation dont je n'ai pas été témoin, parce que je n'étais pas au Temple lorsqu'elle se fit; mais je remarquai, la première fois que j'y allai ensuite, combien elle avait influé sur toute la famille; la reine surtout, tombée dans un état de maigreur extrême, n'était plus reconnaissable. Comme elle, madame Élisabeth gardait un morne silence, les enfans paraissaient interdits, et le roi parut aussi plus accablé depuis cette séparation; mais, hélas! il n'existait plus au moment dont je parle.

Dès que la reine m'aperçut de sa chambre où elle était avec sa famille, elle me fit inviter par Tison, valet de chambre qu'elle avait alors, Cléry n'ayant pas eu la permission de se rendre près d'elle après la mort du roi; la reine me fit inviter, dis-je, à m'approcher, ce que je fis aussitôt; elle était avec madame Élisabeth et les enfans, autour d'un guéridon, tous fondaient en larmes. Madame, dis-je à la reine, d'une voix tremblante, vous avez à vous conserver pour votre famille. C'est tout ce que je pus lui dire ; elle n'interrompit ses sanglots que pour prononcer ces paroles : « Nous savons le malheur qui nous est arrivé, nous en avons entendu ce matin tous les apprêts, le mouvement des hommes et des chevaux ; notre malheur est certain, et nous désirons avoir des habits de deuil. » Ne pouvant dissimuler, je ne prononçais que quelques paroles entrecoupées : « Hélas ! Madame, hélas ! Madame. » Je me retirai en assurant à la reine que j'allais m'occuper du deuil qu'elle désirait : Le plus simple, ajouta-t-elle.

Rentré dans la pièce où je restais, je me mis à écrire cette demande au conseil ; la reine arriva près de moi et me dit qu'elle désirait avoir, pour faire ce deuil, une ouvrière dont elle me donna le nom et l'adresse ; dès le lendemain la demande de la reine fut accordée. Je me retirai sur le soir, ne laissant auprès de la famille que le valet de chambre et sa femme. Je me rendis de suite auprès de Cléry, retiré dans une des chambres du bâtiment adossé à la tour, et dont j'ai parlé ; il avait été mis là comme aux arrêts, le matin, au moment où il fut séparé du roi. Je le trouvai aussi fondant en larmes et déplorant la perte de son bon maître. Que dire en pareil cas? J'étais fort embarrassé pour faire admettre à Cléry quelques paroles de consolation ou de condoléance.

L'on vint me chercher pour me rendre au souper; ne voulant pas laisser Cléry seul, je l'engageai à venir avec moi, ce que j'obtins avec beaucoup de peine. Il se plaça à table en face de moi, il ne voulut prendre que peu de chose. Le général Santerre et quelques officiers de son état-major, survinrent et se placèrent aussi à table. Le premier se mit à raconter avec un sang-froid sans égal, comment l'exécution avait eu lieu, sans en omettre aucune circonstance, pas même celle du roulement qu'il avait ordonné, lorsque le roi voulut parler au peuple; et en ajoutant que l'exécuteur paraissant indécis, il lui avait dit fortement : *Fais ton devoir.*

Cette conversation, bien faite sans doute pour affliger ceux qui, avec une ame un peu sensible, l'entendaient, affecta sensiblement Cléry; aussi lui fis-je signe de se lever : il se rendit aussitôt dans sa chambre où je le suivis, et je passai la nuit près de lui. Plusieurs fois il fut près de se trouver mal, j'employai, pour le soulager, quelques spiritueux qui se trouvaient là. Tout ce que je pus entendre de lui furent ces paroles : « Hélas ! mon bon et cher maître se serait sauvé s'il l'eût voulu, il n'y a que quinze à seize pieds des fenêtres de cet endroit jusqu'au sol ; tout avait été préparé pour le sauver pendant qu'il y était encore, mais il s'y refusa, parce qu'on ne pouvait sauver sa famille avec lui : voilà, disait-il, en me le montrant, son bréviaire qu'il m'a laissé avec sa montre et quelques petites choses. » Mais Cléry paraissait attacher le plus grand prix à ce bréviaire, qu'il disait être dans l'intention d'offrir au pape : je ne sais s'il a exécuté ce dessein.

Je quittai Cléry le matin que ma garde finissait. Peu de temps après je retournai encore au Temple, auprès des princesses que je trouvai toujours dans la plus grande affliction ; elles ne voulaient pas descendre, pour prendre l'air, ainsi qu'on le leur proposait. Je représentai à la reine que cela était nécessaire pour sa santé et celle de sa famille, et surtout de la jeune princesse qui était incommodée depuis quelque temps. « Nous ne voulons pas passer, répondait la reine, devant la porte de l'endroit d'où mon mari n'est sorti que pour perdre la vie. » Alors je lui proposai de monter au haut de la tour où il y avait une galerie circulaire, et je l'y déterminai; je fis transporter des siéges et l'on monta.

Cette galerie était entourée d'un parapet d'environ quatre pieds de hauteur, elle n'avait guère que deux pieds de largeur; aux quatre coins étaient de petites tourelles dans lesquelles les siéges avaient été placés. Dès que le public des environs nous aperçut, il se forma des groupes dans les endroits d'où on nous voyait le plus facilement. Le jeune prince montrant le désir de regarder au-dessus du parapet, la reine m'invita à le prendre dans mes bras. « Mon Dieu! Madame, lui observai-je, je désirerais bien vous satisfaire, mais le public qui nous voit, et qui me remarquera, pourrait s'en agiter. Je n'y pensais pas, repartit la reine, vous avez parfaitement raison. »

Les princesses restaient aussi long-temps qu'elles le désiraient sur cette promenade étroite où elles continuèrent de se rendre chaque jour, lorsque le temps le permettait. J'allai, par la suite, moins fréquemment au Temple, parce que beaucoup de mes collègues demandaient à y être envoyés, et que mon tour en arrivait moins fréquemment; j'étais, en outre, obligé de me rendre assez souvent à la commission de police et surveillance dont je faisais partie. Ce que j'ai remarqué jusqu'au dernier moment où je me suis rendu près des princesses, c'est que les repas leur étaient servis peut-être moins splendidement que du temps du roi, quoique rien n'y manquât. Elles donnaient au jeune prince le rang et la prééminence qu'avait eus le roi. Tout ce qu'elles désiraient leur était procuré par ce Simon, dont quelques historiens de cette époque ont parlé. Cet homme était membre du conseil-général de la commune qui l'avait envoyé à poste fixe au Temple, pour y remplir en quelque sorte les fonctions de factotum; c'était un malheureux cordonnier, sans éducation ni instruction, mais qui ne paraissait pas d'un caractère aussi méchant que des historiens ont voulu le peindre. Les princesses le faisaient appeler assez souvent pour avoir ce dont elles pouvaient avoir besoin; il paraissait devant elles d'un air délibéré : Que désirez-vous, Mesdames? leur disait-il; et aussitôt il cherchait à les satisfaire. Si ce qu'elles demandaient ne se trouvait pas dans les magasins du Temple, il courait chez les marchands. J'ai entendu la reine dire: Nous sommes fort heureuses de ce bon monsieur Simon, qui nous procure tout ce que nous demandons. Un jour, comme il avait dit que sa femme était malade à l'Hôtel-Dieu, la reine lui en demanda des nouvelles : Dieu merci, elle va mieux, répondit-il, en ajoutant : C'est un plaisir de voir actuellement les dames de l'Hôtel-Dieu, elles ont bien soin des malades; je voudrais que vous les vissiez, elles sont aujourd'hui habillées comme ma femme, comme vous, Mesdames, ni plus ni moins.

Les princesses paraissaient s'amuser de la naïveté de cet homme, auquel, par la suite, Robespierre, après s'être emparé du Temple, fit, dit-on, jouer un rôle affreux auprès du jeune prince, ce dont je n'ai rien vu, n'étant même plus membre du conseil-général à cette époque depuis un certain temps.

Je ne terminerai pas sans dire quelque chose de ce que j'ai vu et entendu de plus marquable dans le conseil-général de la commune lorsque j'y assistais, ainsi que dans la commission de police et surveillance dont je faisais partie; celle-ci était l'un des comités de ce conseil; sa principale fonction était de surveiller l'administration de police, aussi nommée par ce conseil et étant de même l'un de ses comités; elle était composée de quatre membres; comme il arrive à presque tous les comités, ceux-ci mettaient souvent leurs volontés, ou plutôt leurs caprices, à la place des intentions de l'assemblée qui les avait nommés, semblables à ces gens d'affaires ou intendans de grands seigneurs qui les perdaient ou les ruinaient; ils avaient leurs meneurs, comme tous les comités ont ordinairement les leurs; l'administration de police en avait un qui se signala. Étroitement lié avec Marat, qu'il avait appelé près de lui, il suivit toutes les impulsions de ce monstre qui avait à ses côtés ses affidés les plus déterminés; je ne nommerai que Fréron, parce qu'il est mort; les autres se sont signalés eux-mêmes dans le temps, en signant avec

Marat, en qualité d'administrateurs, des ordonnances de police qu'on vit affichées sur les murs de Paris. C'était une qualité qu'ils avaient usurpée, et qu'ils ne pouvaient avoir, n'étant pas membres du conseil-général de la commune, puisque la loi voulait que de tels administrateurs ne pussent être pris que dans ce conseil, et par lui nommés.

On va voir à quoi conduit une usurpation de pouvoirs. C'est à celle-ci qu'on peut attribuer les journées de septembre.

Le meneur dont je parle, comme s'étant signalé dans l'administration de police, ne négligea rien pour exercer une espèce de dictature la plus horrible. Dès le premier jour que nous nous présentâmes à la mairie où se tenait l'administration de police, et où nous établîmes notre comité, le meneur en question vint nous trouver pour nous dire que deux de ses collègues entravaient leur marche et étaient des contre-révolutionnaires, qu'il y avait urgence de les faire arrêter.

Réal, qui était mon collègue, et qui depuis fut conseiller-d'état sous Bonaparte, était présent et entendit cela comme moi ; nous ne savions trop à quoi nous en tenir, les circonstances étant alors des plus épineuses. Cependant, après nous être concertés, nous convînmes que si ces deux administrateurs étaient arrêtés, dans leurs bureaux à l'administration, ils me seraient amenés, que je les interrogerais pour la forme, et que je les mettrais en liberté, parce qu'il était contraire au droit des gens d'arrêter des hommes dans l'exercice de leurs fonctions, auxquelles ils se seraient rendus d'eux-mêmes et bénévolement. Peu d'instans après ces deux administrateurs s'étant rendus dans leurs bureaux, y furent arrêtés et amenés dans le mien où j'étais. Je les interrogeai pour la forme et les mis en liberté, en leur recommandant de veiller à leur sûreté, d'après ce qui se passait. L'un des deux me dit qu'il suivrait mon avis, l'autre me répondit que ne se croyant pas coupable, il allait se retirer chez lui d'où il ne sortirait pas. Peu de jours après, ce dernier fut arrêté chez lui par des agens de l'administration de police sous les ordres du meneur de cette administration et de Marat; l'autre ayant suivi mon avis échappa aux recherches. Long-temps après, je l'ai vu siéger, comme juge, au tribunal de première instance de Paris.

Dès ce temps, le meneur en question et Marat faisaient arrêter, de leur autorité privée, des prêtres, des nobles et beaucoup d'autres citoyens, comme suspects, et en emplissaient les prisons; cependant ils n'étaient pas sans inquiétude sur ces mesures qui occasionaient des plaintes dans le public; c'est pourquoi, un jour, comme le comité de surveillance était assemblé, et que je m'y trouvais, le meneur s'y présenta accompagné de Marat. Voilà, nous dit-il, en nous présentant ce monstre dont la figure et le maintien avaient quelque chose de sauvage, voilà l'homme essentiel dans les circonstances où nous nous trouvons; je vous propose de nous l'associer et de le reconnaître comme faisant partie de l'administration de police. Nous rejetâmes aussitôt cette proposition, et avec d'autant plus de raison, que nous n'avions pas le droit de communiquer ni de transmettre ainsi nos pouvoirs.

Le meneur et Marat se retirent fort mécontens, ce dernier en nous disant (ce sont ses expressions) : Je vous traînerai dans la boue dans mes écrits, si vous contrariez les mesures que nous prendrons. Dès-lors mon inquiétude, sur ce que les prisons se remplissaient, augmenta; celle de la mairie autrement dit dépôt, et que les révolutionnaires appelaient magasin, comme étant près de moi, attira plus particulièrement mon attention; je la visitai, et je vis qu'elle était encombrée. Je m'empressai de faire amener devant moi, dans mon bureau, tout ce que je pus de prêtres et de nobles que j'interrogeai pour la forme et que je mis en liberté après leur avoir donné un sauf-conduit. Je me rappelle que du nombre fut le chevalier de La Trémoille, frère du prince Talmont, jeune homme des plus intéressans, que, long-temps après, le tribunal révolutionnaire envoya à l'échafaud.

Les journées de septembre approchaient : le meneur, Marat et les leurs, qui ne pouvaient ignorer ce que je faisais, jetaient les hauts cris, en disant que j'étais un contre-révolutionnaire. Leurs cris ne m'épouvantaient pas; mais je pris le parti de me rendre au conseil-général pour lui exposer ce qui se passait à l'administration de police et surtout l'instruire de l'usurpation de pouvoirs qui s'y commettait.

Quel fut mon étonnement de trouver le conseil-général presque sourd à ma voix, et comme tombé dans la stupeur! Je vis bien que le parti Marat y avait pénétré; les Chaumette, les Hébert en étaient devenus alors comme les meneurs; le maire de Paris, Pétion, qui présidait quelquefois, restait muet; je n'eus plus d'autre parti à prendre que de veiller, autant que je le pouvais, à ce qui se passait dans le comité de police et surveillance, où quelques-uns de mes collègues continuèrent aussi de se rendre, mais dont l'administration de police, son meneur, Marat et leurs affidés paralysaient l'action autant qu'ils le pouvaient.

Le premier jour des massacres, je me trouvais dans le comité de police et surveillance : je vis le meneur, ayant l'air le plus empressé, tenant à la main une grosse canne armée d'une large lame comme un sabre, aller et venir de ses bureaux aux prisons; il en revenait lorsqu'il entra dans notre comité, où il nous dit que son collègue Perron venait d'y être massacré. Ce misérable avait l'air d'un général remportant une victoire ; il était accompagné de l'un de ses principaux agens, nommé Ch.net ; l'un et l'autre étaient de la couleur ordinairement suspecte de méchanceté.

Le second jour des massacres, nous nous présentâmes encore plusieurs de mes collègues et moi pour entrer dans les bureaux de notre comité ; nous trouvâmes les scellés sur les portes, et nous apprîmes que le meneur de l'administration de police les avait apposés avec Fréron ; alors nous nous retirâmes dans le conseil-général pour y annoncer cet événement. Nos voix ne purent se faire entendre ; la nouvelle de la suite des massacres qui se faisaient dans les prisons, comme la veille, interdisait les esprits ; la stupeur paraissait avoir frappé chaque membre du conseil ; les uns demandaient, comme la veille, qu'on appelât Santerre, alors commandant-général de la garde nationale ; d'autres, que des membres du conseil fussent aussitôt envoyés aux prisons pour voir ce qui s'y passait, et arrêter le désordre autant qu'ils le pourraient. L'un et l'autre parti furent pris ; Santerre fut appelé de nouveau, des membres du conseil furent délégués aux prisons. La journée se passa encore sans que Santerre parût; on vint rapporter qu'on n'avait pu le trouver; les délégués aux prisons ne se représentèrent point; cependant le bruit des horreurs qui s'y passaient ne faisait que s'accroître de jour en jour, de quart d'heure en quart d'heure.

Comme le premier, le second et le troisième jour des massacres se passèrent sans voir paraître Santerre ni reparaître les délégués aux prisons, dont on n'avait pas de nouvelles, un assez grand nombre des membres du conseil s'en étaient absentés; je m'en suis absenté moi-même le troisième jour que les bruits les plus sinistres couraient, entre autres celui qu'il devait y avoir un pillage chez les particuliers après les massacres, bruit qui inquiéta les citoyens et les détermina à prendre les armes d'eux-mêmes, et à se rendre aux prisons pour faire cesser les massacres et imposer aux scélérats qui avaient déjà commis tant de crimes; enfin ils furent dispersés, mais trop tard; tous les crimes étaient commis.

Les jours suivans, je me rendis au conseil

malgré l'avis qu'on m'avait donné que mes jours étaient menacés ; je m'y trouvai la première fois que Santerre s'y présenta après les massacres ; on lui demanda pourquoi il ne s'était pas trouvé à son poste dans les journées désastreuses qui venaient de se passer. Il était debout au bas du siége du président ; il répondit, avec sa voix féminine, qu'il avait été chargé d'une mission, hors de Paris, par le ministre de la guerre (ce pouvait alors être Pache). Aussitôt j'adressai la parole à Santerre, en lui observant qu'il n'aurait pas dû quitter son poste sans avertir le conseil-général qui aurait pu le faire suppléer, de manière que tant de malheurs ne seraient point arrivés. « Quand j'y aurais été, me répondit-il, croyez-vous que je me serais opposé à ce que le peuple se fît justice, en nous débarrassant de scélérats qui nous menaçaient ! non certes. » Ce sont là absolument les expressions dont Santerre se servit pour me répondre, et le conseil-général resta muet.

Il est bon que l'on sache que Santerre était beau-frère du meneur en question de l'administration de police, ce qui peut jeter un grand jour sur ce qu'on peut penser des moteurs des journées de septembre, non moins scélérats que les vils instrumens qu'ils employèrent pour opérer les massacres, et qui purent avoir derrière eux quelques mains invisibles, mais puissantes, qui les poussèrent par tous les moyens propres à stimuler leur ambition, comme de les faire parvenir au ministère, et je crois qu'en effet l'un d'eux y parvint, ou à peu près, le nommé D..gues.

Les délégués que le conseil avait envoyés aux prisons se présentèrent les lendemain et surlendemain des massacres; ils paraissaient défaits, plusieurs étaient malades. Ils rapportèrent que les monstres qui massacraient les avaient retenus et les avaient forcés de tenir les registres des écrous, et à faire l'appel des prisonniers à mesure qu'ils en massacraient. Le conseil-général en frémit, mais il resta toujours muet.

Je me rendis ce jour ou le lendemain au comité de police et de surveillance avec quelques-uns de mes collègues; nous le trouvâmes ouvert, les scellés avaient été levés sans doute par ceux qui les avaient apposés. Le meneur de l'administration de police vint nous proposer de signer des mandats, je ne me rappelle pas de quelle somme, pour faire payer par le caissier de la commune ce qu'il en avait coûté pour faire enlever, par des voitures, les victimes des prisons; nous nous y refusâmes d'abord en disant que nous en délibérerions : nous en avons en effet délibéré, et nous avons pensé qu'on ne pouvait refuser aux voituriers et aux autres personnes qu'on avait employées à cela, le paiement de ce qui pouvait leur en être dû. Je crois avoir signé de ces mandats, sans pouvoir cependant l'affirmer.

Je me rendais presque journellement au conseil-général pour lui rendre compte de ce que j'avais appris au comité; je le trouvais toujours dans une espèce de stupeur, dont il sortit cependant peu de temps après, qu'il sembla avoir repris l'énergie qu'il avait montrée dans les premiers jours de son installation.

Voici ce qui le ramena à cette énergie. L'Assemblée nationale rendit un décret qui cassait le conseil-général de la commune, et faisait cesser ses fonctions. Ce conseil en fut saisi d'étonnement, pensant surtout qu'on pourrait vouloir le rendre responsable des événemens fâcheux. Nous sommes perdus, se disaient les membres du conseil, si nous obtempérons à ce décret. Sur-le-champ une motion fut faite par l'un des membres du conseil (c'était sur le soir) de faire sonner le tocsin, d'appeler les sections de Paris, et notamment le faubourg Saint-Antoine, à venir au secours du conseil-général qui tenait ses pouvoirs des sections.

Cette motion, fortement appuyée du conseil, annonçait le projet de se rendre en masse à l'Assemblée nationale pour lui demander raison de son décret.

L'Assemblée nationale ne tarda point à être instruite de cette motion, et aussitôt elle rapporta son décret précité, et en rendit un autre portant que le conseil-général de la commune de Paris continuerait ses fonctions, et qu'il avait bien mérité de la patrie. Alors l'énergie de l'un avait fait tomber l'autre dans la stupeur. L'Assemblée nationale ne s'en releva point; c'est de-là que date sa plus grande faiblesse qui amena la Convention.

Malgré cela, la dictature la plus impérieuse, dont le conseil-général s'était investi dans les premiers momens de son installation, et que les pouvoirs que les sections avaient donnés respectivement aux membres qu'elles avaient nommés, semblaient autoriser, paraissait morte, et peut-être n'avait-elle duré que trop long-temps.

L'histoire nous dit que les anciens Romains redoutaient ce pouvoir et savaient le limiter. Les ambitieux l'ont toujours envié. A n'en pas douter, Marat l'enviait; de même, après lui, Robespierre qui sut s'en investir dans les comités de la Convention, et qui parut s'en servir pour se venger du peu de faveur qu'il avait obtenu dans le conseil-général de la commune, pendant le peu de temps qu'il en fit partie. Dès les premiers jours qu'il y parut, il ne voulut point se placer sur les bancs à côté de ses collègues; il se plaça au bureau quoique n'en faisant point partie. Un membre du conseil lui en fit l'observation, et moi-même, dans un petit discours, lui reprochai assez vertement cette distinction qu'il s'attribuait; il ne répondit rien, mais il cessa de paraître au conseil où on ne le revit plus. Je dis qu'il parut se venger de ce peu de faveur qu'il avait obtenu dans le conseil-général, parce que, devenu tout-puissant dans les comités de la Convention, il fit aller à l'échafaud, comme on le sait, un certain nombre des membres du conseil-général, et le monstre en attira un bien plus grand nombre avec lui dans sa chute.

Je reviens aux événemens de septembre, sur lesquels je ne cessais d'élever la voix dans le conseil-général, surtout lorsque peu de temps après j'appris que les prisons se remplissaient de nouveau par les administrateurs de police, Marat et ses semblables, qui cherchaient des suspects partout, et même le bruit se répandait qu'il y aurait de nouveaux massacres. Alors mes efforts redoublèrent pour me faire entendre du conseil-général, qui enfin prit le parti, par arrêté, de me nommer, avec l'un de mes collègues, à l'effet de nous rendre à l'administration de police, pour nous faire rendre compte de ce qui s'y passait, en expulser les intrus que nous y reconnaîtrions. Mon collègue était porteur de l'arrêté; il me dit, en arrivant, qu'il allait voir si les administrateurs étaient dans leurs bureaux, qu'il viendrait m'en prévenir dans le mien où je m'étais rendu.

J'attendis en vain, mon collègue ne s'y présenta point. Au bout d'un quart-d'heure le meneur de l'administration de police s'y présenta, et, s'avançant près de moi d'un air furieux, il me dit : « Scélérat, que veux-tu? Que nous demandes-tu? » Marat parut dans ce moment, et ressortit aussitôt avec le meneur qu'il emmena. Je me mis à réfléchir sur cet incident; mon collègue qui ne reparaît pas serait-il arrêté, me disais-je, ne pourrais-je pas l'être aussi? Il y avait une sentinelle, comme de coutume, à la porte; je fis semblant de sortir, elle me laissa passer, et je rentrai. Aussitôt l'un de mes collègues vint me prévenir que je courais des dangers; alors je me déterminai à me retirer, et me rendis de suite au conseil-général auquel j'exposai ce qui venait de m'arriver. Mon collègue n'y était pas rentré; je pensai que le meneur de l'administration de police, ainsi que Marat et les siens, lui avaient imposé, qu'ils s'étaient emparés de l'arrêté du conseil, dont il était porteur, et que la crainte qu'ils lui avaient inspirée l'empêchait de reparaître.

Pour moi, je continuai de jeter les hauts cris dans le conseil, qui enfin se décida à appeler devant lui les administrateurs de police qui se présentèrent accompagnés de Marat et des siens.

Pétion présidait; il improvisa un discours assez énergique sur les dangers de l'usurpation de pouvoirs dont j'accusais Marat et les siens. Le meneur de l'administration de police était à la tribune avec moi; il y avait l'air d'un furieux, me menaçant : les tribunes étaient remplies des agens de police qui vociféraient de manière à couvrir la voix de Pétion, et cette séance se termina sans que le conseil-général eût pris un parti. Je n'eus plus qu'à rendre une plainte juridique, en mon propre et privé nom, contre le meneur de l'administration de police et ses adhérens; et c'est ce que je fis en me rendant auprès du commissaire de police de la section de la Cité, qui reçut ma plainte. Je la présentai de suite à plusieurs juges de paix compétens, pour en suivre l'effet; tous s'y refusèrent en me disant qu'ils s'exposeraient à se faire massacrer s'ils la suivaient. Je recourus au jury d'accusation, auquel je présentai de suite cette plainte; même refus, même réponse que j'avais reçue des juges de paix; enfin quelque temps après, et dès que la Convention nationale fut installée, je lui présentai cette plainte; décret par lequel elle passa à l'ordre du jour, motivé sur ce qu'aucun officier de police judiciaire ne pouvait se refuser à suivre sur cette plainte. Ce décret se trouve au Recueil des Lois. Ainsi échouèrent tous mes efforts, qui peut-être imposèrent d'abord à l'administration de police, au moment où son meneur, Marat et les siens remplissaient les prisons de nouveau, et faisaient craindre d'autres massacres.

On sait que la plupart de ces hommes se firent nommer à la Convention, ils y étaient lorsque ma plainte y fut présentée. Je continuai de me rendre au conseil-général, et de temps en temps à la commission de police et surveillance dont je faisais toujours partie, et j'y ai encore remarqué bien des choses qu'il est inutile de rapporter ici. Le conseil-général n'était plus qu'une ombre de ce qu'il avait été, et la faiblesse dans laquelle il était tombé le perdit au 9 thermidor. Ce fut cette faiblesse qui le rendit comme la cause innocente des journées de septembre, parce qu'il aurait dû, au premier bruit des massacres, et dès que Santerre n'avait pas paru aussitôt qu'il l'avait appelé, charger sans délai un citoyen du commandement de la garde nationale, qui, à n'en pas douter, aurait fait son devoir. Le conseil-général en avait tout pouvoir; c'est là le seul reproche qu'on puisse lui faire au sujet des journées de septembre; mais, je le répète, il était tombé dans une espèce de stupeur, comme la majorité des citoyens.

On savait qu'une bande de sicaires, la plupart sortis des bagnes, avait été appelée pour commencer et soutenir l'attaque du château des Tuileries, dans laquelle ils avaient réussi; ils étaient comme le talisman du parti presque occulte qui les faisait agir. Je ne pourrais dire avec certitude que ce furent tels ou tels hommes qui les appelèrent; mais tout ce que je sais, c'est que ces prétendus Marseillais avaient reçu la promesse d'être récompensés de leurs exploits, et que sans doute ils devaient l'être par ceux qui les avaient mis en œuvre; or, à qui s'adressèrent-ils pour obtenir l'effet de la promesse qui leur avait été faite? voilà ce dont je suis certain. Ce ne fut point aux membres qui composaient le comité de police et surveillance dont je faisais partie; ce ne fut point non plus au conseil-général de la commune dont je faisais également partie; aucun ne se présenta à ce comité ni à ce conseil; ils se présentèrent à l'administration de police, avec laquelle ils ne cessèrent d'être en relation dès leur arrivée, et notamment avec son meneur, avec Marat et consorts. Ce fut à ceux-ci qu'ils s'adressèrent pour obtenir le prix de leurs exploits; et sur quelques retards qu'éprouvait leur demande, ils en vinrent aux menaces envers ces administrateurs de fait, enfin à des menaces telles, que ces derniers employèrent tous les moyens pour les satisfaire, soit en se jetant sur une partie des dépôts qu'ils avaient sous la main, soit en forçant le caissier de la commune à puiser dans sa caisse pour les satisfaire, ce que celui-ci ne fit que comme forcé et contraint par les menaces des forcenés, et le malheureux caissier en tomba dans un tel désespoir, qu'il s'en donna la mort.

Je sais que certains soupçons s'étaient

élevés contre Pétion et Tallien qu'on accusa d'avoir trempé dans les journées de septembre; cela a toujours été à mes yeux une erreur, pour ne pas dire une calomnie. Je n'ai rien remarqué dans le premier qui pût autoriser ce soupçon; au contraire, comme je l'ai dit plus haut, il éleva la voix dans le conseil-général contre le meneur de l'administration de police, contre Marat et les siens, lorsque je les ý fis appeler : à l'égard du second, il donna des preuves de son opposition aux massacres, en usant de la réputation de popularité dont il jouissait, pour sauver plusieurs personnes; je ne citerai que mademoiselle de Tourzel qu'il sauva, et qu'à ma connaissance il fit réfugier quelques heures dans un cabinet du secrétariat de la commune dont il était le chef. En un mot, c'était un de ces hommes qui couraient après la réputation de patriote, et qui, voulant se montrer des Hercules de la révolution, en faisaient leur Omphale. Pétion et Tallien n'ont jamais montré dans le conseil-général cette énergie remarquée dans plusieurs de ses membres, et qui la conservèrent, mais qui restèrent à la fin en trop petit nombre pour soutenir ce conseil. Je vais citer un fait de ce que j'avance.

L'une des journées des massacres, on vint y annoncer que la princesse de Lamballe venait d'être l'une des victimes, et que des forcenés se rendaient au Temple, portant au bout d'une pique la tête de la princesse. Le conseil en frémit, et garda le silence. L'un de ses membres, nommé Daujon, artiste sculpteur, était au Temple ; il voit arriver cette multitude effrénée au-devant de laquelle il se rend, il ne peut l'empêcher de pénétrer jusqu'au bâtiment adossé à la tour, dans lequel étaient renfermés le roi et sa famille et dont les fenêtres, sans être grillées, n'étaient qu'à quinze ou seize pieds du sol. La multitude vociférait, enfin elle faisait craindre l'effet de sa fureur en menaçant de pénétrer dans l'intérieur. Daujon, revêtu de son écharpe, monte aussitôt sur un tas de pierres qui se trouvait au bas de la fenêtre, il se mit à haranguer la multitude, et il le fit de manière à la contenir ; il avait une forte voix, un regard imposant. « Que voulez-vous ? Que demandez-vous ? dit-il aux forcenés ; est-ce le tyran ? il est là, qui peut en douter? Vous commettriez le plus grand des crimes si vous osiez attenter à sa personne. Il ne nous appartient pas, il appartient à la loi qu'il ne vous est pas permis de violer. Retirez-vous, car vous passeriez sur le corps de votre magistrat avant de violer la loi. »

Ces paroles, prononcées avec l'accent de l'homme le plus déterminé à faire face à l'orage, imposèrent aux forcenés et les déterminèrent à se retirer. Daujon les suivit jusqu'à la porte de sortie du Temple, et dès qu'ils l'eurent passée, s'étant aussitôt procuré un ruban aux trois couleurs, ruban qui, comme on le sait, avait alors une certaine vertu sur l'esprit du peuple, le tendit au-devant de la porte du Temple qu'il laissa ouverte. « Franchissez cette barrière si vous l'osez, » dit-il à la multitude qui se retira. Dès que Daujon fut de garde auprès du roi qui se rappela la scène qui s'était passée, le roi lui dit : « Vous nous avez sauvé la vie, nous vous en remercions; vous n'avez dit que ce qu'il fallait dire dans une telle circonstance. »

La bonté du caractère et du cœur de Louis XVI va se peindre dans le peu de mots qui suivent. Le roi sortant de sa prison pour n'y plus rentrer, accompagné de ceux qui le conduisaient au martyre, descendait l'escalier; il y rencontra Mathé qui, remplissant les fonctions de concierge, allait sans doute fermer la porte de l'endroit d'où sortait le roi, qui le reconnut, comme s'étant souvent présenté devant lui pour demander s'il ne désirait rien. Un jour que le roi était assis devant la cheminée, Mathé, sans plus d'égard, se plaça à côté de lui, en tendant la jambe et posant le pied sur l'un des tisons. Ce maintien put ne pas plaire au roi qui alors dit à cet homme : « Mathé, j'ai besoin d'être seul, laissez-moi. » Celui-ci parut choqué de ces paroles et se retira, le roi ne le vit plus reparaître. Mais le roi se rappelant sans doute sur l'escalier, à la rencontre de Mathé, la circonstance que je rapporte, et qui avait pu décider ce dernier à ne plus reparaître comme de coutume; le roi, dis-je, s'arrêta, et, adressant la parole à Mathé, lui dit : « Mathé, est-ce que vous m'en voudriez? pour moi je ne vous en veux pas, » et lui prenant la main pour se la porter à l'endroit où le cœur bat, il ajouta avec l'accent de la bonté : « Tenez , portez plutôt là votre main. »

Nos orateurs évangéliques pourraient-ils citer un exemple plus frappant de bonté et de douceur ?

Je tiens cette relation de Daujon lui-même, et de quelques-uns de ses collègues qui étaient présens, et furent témoins de ces événemens. Je crois que Cléry parle de Daujon dans son Histoire du Temple, mais d'une manière à le présenter comme n'étant pas partisan du roi, ou ne l'aimant pas : sans doute parce qu'il avait employé dans sa harangue un terme révolutionnaire, en parlant du roi qui ne s'en était pas offensé, et qui avait su l'apprécier, en observant à Daujon qu'il n'avait dit que ce qu'il fallait dire dans une telle circonstance. Ce fut ce même Daujon qui tint la plume, et remplit les fonctions de secrétaire, lorsqu'on fit subir, dans le Temple, un interrogatoire au jeune prince, au sujet des propos calomnieux et infâmes qu'on avait répandus sur le compte de la reine. Voici, mot pour mot, ce que Daujon me rapporta de cet interrogatoire, et j'observe que je le regardais comme un homme digne de foi.

Le jeune prince, me dit-il, était assis sur un fauteuil, il balançait ses petites jambes dont les pieds ne posaient point à terre. Interrogé sur les propos en question, on lui demanda s'ils étaient vrais; il répondit par l'affirmative. Aussitôt madame Élisabeth qui était présente, s'écria : « O! le monstre! » Pour moi, m'ajouta Daujon, je n'ai pu regarder cette réponse de l'enfant, comme venant de lui-même; je ne l'ai regardée, ainsi que tout l'annonçait, dans son air inquiet et son maintien, que comme lui ayant été suggérée, et le résultat de la crainte des châtimens ou mauvais traitemens, dont on avait pu le menacer s'il ne la faisait pas. J'ai pensé que madame Élisabeth n'avait pu s'y tromper non plus, mais que la surprise de cette réponse de l'enfant lui avait fait jeter son exclamation.

Daujon était un homme d'une énergie extraordinaire, qui rappelait encore à cette époque celle qu'avaient montrée un certain nombre de ses collègues, dans le conseil-général de la commune, à sa naissance; mais je ne l'ai jamais vu enclin à des actes de méchanceté comme il s'en faisait tant dans les temps orageux de la révolution; au contraire, il n'était, ce qu'on appelait dans le temps, qu'un chaud patriote, mais sans haine et sans sentiment de vengeance; et je l'ai connu assez pour avoir toute confiance dans les déclarations qu'il m'a faites, sur quelques circonstances dont je n'avais pas été témoin, et ses déclarations sur ce dont il s'agit, celles d'un chaud patriote pourraient être du plus grand poids, si les calomnies qui avaient été répandues sur le compte de la reine, et qui se détruisent d'elles-mêmes, en avaient besoin.

Daujon est mort il y a plusieurs années, après avoir rempli pendant quelque temps, sous Bonaparte qu'il n'aimait pas, les fonctions de commissaire national auprès d'une municipalité de Paris. Il me disait qu'étant un peu physionomiste, en qualité de sculpteur artiste, il remarquait dans les traits de Bonaparte ceux d'un despote et d'un tyran. Daujon, qui n'était plus membre du conseil-général, échappa au 9 thermidor; il était, à cette époque, en prison comme suspect. Robespierre l'y avait fait jeter; ce qui n'est pas étonnant, parce que ce monstre redoutait tous les hommes qui montraient de l'énergie et qui ne pliaient pas sous son joug.

Pour moi, j'ai échappé à cette époque, parce que j'étais alors en mission, en qualité d'agent du ministre de l'intérieur et de la commission des approvisionnemens pour les subsistances de la ville de Paris. Voilà comme j'échappai aux ravages du gouvernement révolutionnaire, et la Providence m'a laissé assez de vie pour mettre ce précis sous les yeux du public.

Note (page 26).

Après le jugement de ce procès, les habitans n'en furent pas plutôt informés, qu'ils me firent écrire par les maires et officiers municipaux, pour m'inviter à me rendre parmi eux, pour y recevoir leurs bénédictions, en s'exprimant ainsi : *Vous nous avez, Monsieur, délivré de la griffe du lion.* J'ai encore de ces lettres en mains. Je donne copie d'une plus bas.

Je me rendis dans ce pays, dès que j'eus en mains l'arrêt qui donnait gain de cause aux habitans ; il contenait défense expresse aux états de la province de troubler dorénavant les habitans dans la jouissance de leurs communaux.

Arrivé dans l'une des principales communes, je me vis entouré d'une multitude innombrable d'habitans qui criaient *vivat :* on était venu au devant de moi avec un char attelé de six chevaux, les cloches sonnaient ; la joie se peignait sur tous les visages, les vieillards et les jeunes gens se pressaient autour de moi pour me témoigner leur reconnaissance, l'on eût dit que je les avais rendus à la vie. On me conduisit à la maison commune, et là, de dessus un perron, je fis lecture de l'arrêt en question, on l'écouta avec un profond silence. Cette lecture faite, je prononçai un petit discours dans lequel je ne répétais que le nom du roi, en observant que c'était à lui seul que les habitans devaient le bienfait qu'ils recevaient. Alors quelques voix se firent entendre, prononçant ces paroles : Nous avons été persécutés trop long-temps; d'autres : Ses ministres le trompent. Sitôt le maire prit la parole, c'était un bon vieillard ; il dit aux habitans : Allons, mes enfans, il ne faut plus penser qu'à vivre heureux : *Vive le Roi!* Nous allons nous rendre à l'église où il sera chanté un Te Deum en actions de grâces, et ensuite il y aura bal sur la place publique; j'y ferai mettre à votre disposition cinquante rondelles de bière. Tout cela fut exécuté; les fêtes durèrent plusieurs jours, et tout se passa dans le plus grand ordre. De ces bonnes gens venaient me dire à l'oreille : Monsieur, vous parlez sûrement au roi, dites-lui bien que ses ministres le trompent, de chasser ces mazarins. C'était un nom encore en horreur dans ce pays ; les charretiers le prononçaient en jurant après leurs chevaux.

Grande leçon, se fût écrié Mézerai, pour les rois et les ministres.

Hénin-Lietard, le 28 avril 1785.

MONSIEUR,

Nous voilà donc délivrés de la griffe du lion; après un combat opiniâtre, le faible a triomphé du fort; nous respirons enfin, grâce en soit rendue au Ciel, et à vous aussi, Monsieur, par qui nous reconnaissons avoir été sauvés, et dont le nom célèbre dans nos cantons, sera à jamais en bénédiction dans notre communauté ; puisse-t-elle notre reconnaissance égaler vos services et le zèle avec lequel vous nous les avez rendus. Nous ferons au moins tout ce que nous pourrons pour vous la témoigner, et nos efforts n'auront d'autres bornes que nos facultés.

Nous vous prions de faire part de nos sentimens de reconnaissance à madame Goret, votre épouse, que la Providence a fait naître à Courrierre, comme une autre Esther, pour être la libératrice de sa patrie, et faire déchirer l'arrêt de proscription qu'un Aman avait surpris à la religion de son prince.

Nous avons l'honneur, nous Échevins d'Hénin-Lietard, d'être, avec les sentimens de la plus vive reconnaissance,

Monsieur,

Vos très-humbles et très-obéissans serviteurs,

Suivent les signatures :

CÉLESTIN HACHE, AUBERT-J.-CAULLET, JOSEPH RAISON, WALLERAND CAULLET et CHATELIN.

Suscription de cette lettre reçue par la poste.

A Monsieur

Monsieur GORET, inspecteur aux halles, rue Montmartre, vis-à-vis l'église Saint-Eustache, à Paris.

Pour copie conforme restée en mes mains,

GORET.

FIN.

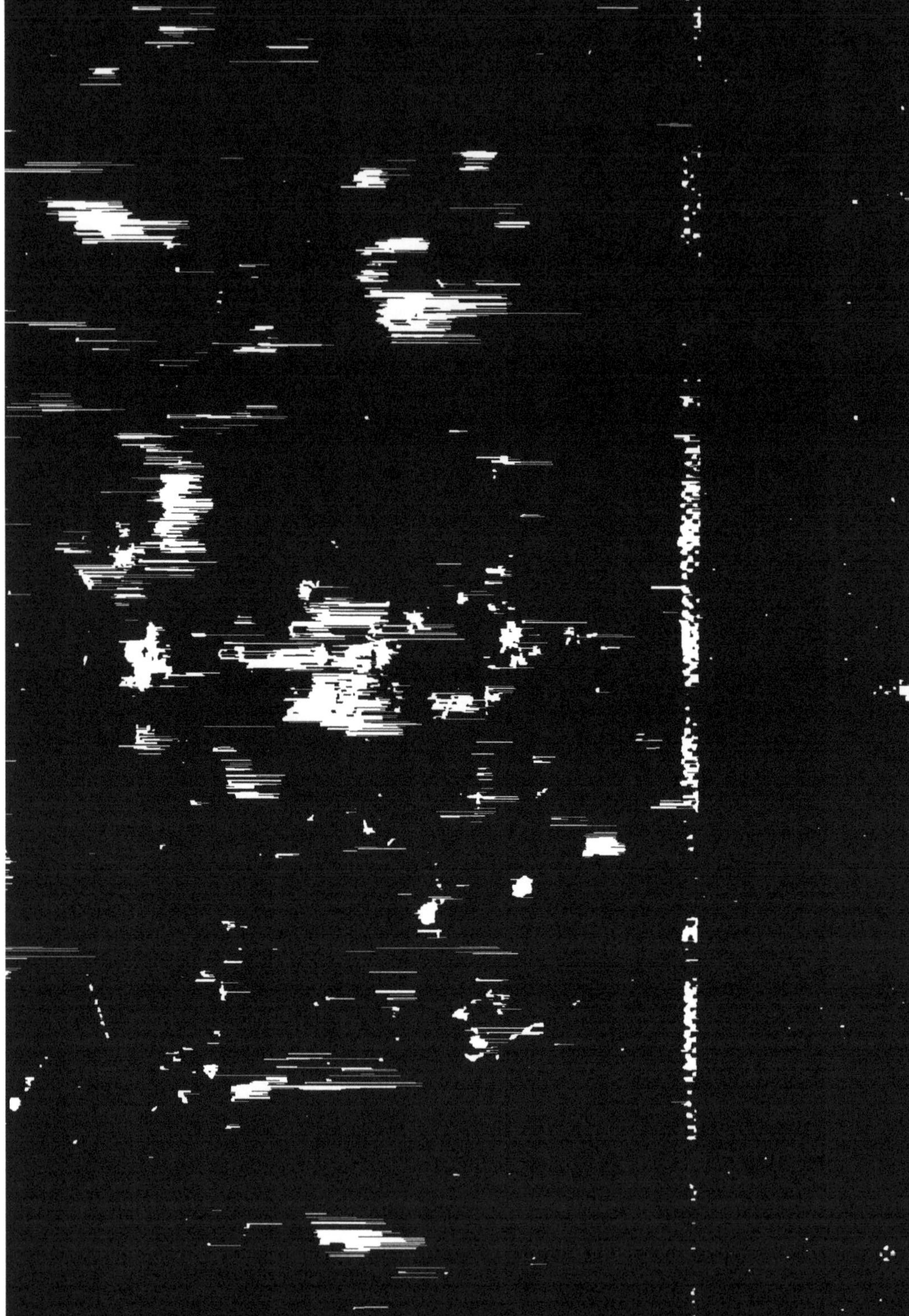

www.ingramcontent.com/pod-product-compliance
Ingram Content Group UK Ltd.
Pitfield, Milton Keynes, MK11 3LW, UK
UKHW012247240726
13966UKWH00004B/1334